COLLECTION

DE

M. H. ROXARD DE LA SALLE

(DE NANCY)

CATALOGUE

DE

TABLEAUX

ANCIENS

COMPOSANT

L'INTÉRESSANTE COLLECTION

DE

M. ROXARD DE LA SALLE

(*DE NANCY*)

DONT LA VENTE AURA LIEU

HOTEL DROUOT, SALLE N° 8

LE LUNDI 28 MARS 1881

A TROIS HEURES.

<table>
<tr><td>COMMISSAIRE-PRISEUR
M CHARLES PILLET
10, rue Grange-Batelière.</td><td>EXPERT
M. E. FERAL, PEINTRE
54, Faubourg-Montmartre.</td></tr>
</table>

Chez lesquels se distribue le Catalogue.

EXPOSITIONS

<table>
<tr><td>PARTICULIÈRE
LE SAMEDI 26 MARS</td><td>PUBLIQUE
LE DIMANCHE 27 MARS</td></tr>
</table>

DE UNE HEURE A CINQ HEURES.

CONDITIONS DE LA VENTE

Elle sera faite au comptant.

Les adjudicataires payeront *cinq pour cent* en sus des enchères.

Paris. — Imp. PILLET et DUMOULIN, 5, rue des Grands-Augustins.

Des amertumes que le commun des mortels ne
connaît pas viennent trop souvent attrister la vie des
honnêtes gens qui mettent leur ambition à réunir des
œuvres d'art. M. Roxard de la Salle a toujours aimé les
tableaux : bien qu'il habitât la province, il était à l'affût
des belles occasions, il assistait ou se faisait représenter
aux grandes ventes parisiennes, et çà et là il enrichissait
d'un morceau précieux la collection qu'il avait formée à
Nancy. Cette collection, peu nombreuse d'ailleurs,
était sa constante pensée : chaque jour il interrogeait les
maîtres dont il avait su se procurer des échantillons
significatifs, il cherchait dans les livres l'histoire de ces
consolateurs, il allait presque deviner leur secret, et,
peu à peu, il s'aperçoit que, devant ses yeux affaiblis,
es couleurs s'estompent et se confondent, que les lignes
vacillent et s'effacent, que les lumières et les ombres se
perdent dans le brouillard d'une vision troublée. Dou-
loureuse aventure pour un galant homme à qui les
choses d'art ont de tout temps été chères ! M. de la Salle
vend ses tableaux. Pourquoi ? Parce qu'il ne les voit
plus.

Cette étude sur la collection de M. Roxard de la Salle est extraite
de la *Gazette des Beaux-Arts,* du 1er mars 1881.

Au moment de se séparer — on devine avec quel serrement de cœur — des peintures qu'il avait si tendrement choyées dans sa maison de Nancy, l'intelligent amateur nous demande notre sentiment sur les morceaux qui composent son cabinet. Nous ne résistons pas à la prière qui nous est faite; mais nous simplifions notre tâche en l'abrégeant. Bien que la collection ne comprenne guère qu'une trentaine de tableaux et soit déjà choisie, nous ferons encore un choix et nous ne parlerons que des pièces particulièrement intéressantes, de celles-là surtout qui sont dues à des maîtres qu'on ne rencontre pas tous les jours.

Rubens d'abord. Il s'agit d'une esquisse poussée assez loin par endroits, ailleurs un peu plus flottante, un portrait équestre de Ferdinand, infant d'Espagne et archiduc d'Autriche. Cette esquisse, fort mêlée d'allégories, fut peinte à l'occasion de l'entrée du prince à Anvers, en 1635, après la bataille de Noordlingen. La ville, on se le rappelle, se couvrit ce jour-là d'arcs de triomphe dus à Rubens et à Van Thulden, et nous en avons les maquettes au musée d'Anvers. C'est alors que Rubens peignit l'esquisse de la collection de M. de la Salle. Monté sur un cheval dont la tête est, conformément à l'idéal du temps, un peu petite, le personnage s'appuie sur son bâton de commandement, et il est suivi d'une figure volante, une Renommée ou une Victoire. A gauche, dans l'angle du tableau, d'autres symboles, un vieillard armé d'un trident et une naïde effrayée.

Au fond, un large fleuve chargé de navires. On sait ce
que valent les esquisses de Rubens : elles ont la flamme
et l'esprit. Nous en connaissons certainement de plus
emportées que celle du portrait équestre de Ferdinand
d'Autriche; mais ici la couleur est brillante, et, dans
toute la partie décorative, je veux dire le Fleuve symbo-
lique, la nymphe du premier plan, la Victoire et enfin le
paysage, en un mot dans ce que Rubens a moins ter-
miné que le cavalier, on reconnaît le charme facile que
le grand improvisateur donne d'ordinaire à la première
édition de sa pensée.

Je glisserai sur les écoles méridionales, qui ne sont
d'ailleurs représentées chez M. de la Salle que par trois
ou quatre morceaux. Au premier rang est un beau Ri-
béra, le *Baptême du Christ*, qu'on se rappelle sans doute
avoir vu à la vente Salamanca. Paris connaît également
l'*Hérodiade* de Carlo Dolci et le *Saint Sébastien* de
Francesco Furini. Chacun de ces deux tableaux, très
soignés d'exécution, mais fortement marqués du caractère de la décadence italienne, a dans le grand livre de
Baldinucci sa note et son histoire.

M. de la Salle possède aussi quelques peintures
françaiess. Dans le brouhaha d'un déballage, je n'ai pas
assez bien vu le portrait de Nattier pour en parler à
mon aise. Un buste de jeune fille malicieuse et souriante,
est une vive esquisse qui fait penser à Fragonard.
Quant au Grimou, il est curieux, d'abord parce qu'il est
daté de 1732, et ensuite parce que le personnage, repré-

senté en costume de fantaisie, ne serait autre que le comédien Paul Poisson. Est-ce bien sûr ? Si Paul Poisson avait soixante-dix-sept ans quand il est mort en 1735, nous aurions là, non son portrait, mais celui d'un Crispin quelconque, costumé d'ailleurs avec le caprice que le peintre apportait à toutes ses inventions. Toutefois le portrait est bien de Grimou dont il porte la signature, et il est dans cette manière libre et vaporeuse qui a tant séduit les critiques du xviii° siècle. Parce que Grimou avait parfois au bout de son pinceau quelques tonalités d'un brun chaud, on lui disait qu'il ressemblait à Rembrandt. On le flattait.

Et puisque le nom de Grimou se présente aujourd'hui sous ma plume, je profiterai de l'occasion pour faire une petite querelle à ceux de nos amis qui ont le droit, dont ils usent d'ailleurs avec tant de discrétion, de corriger le catalogue du Louvre. Depuis trente ans, ce catalogue obstiné persiste à dire que Grimou est mort à Paris en 1740. La date exacte est connue : je l'ai déjà imprimée une fois, je la réimprime avec énergie. Alexis Grimou est mort au mois de mai 1733. C'est le *Mercure* qui le dit, et il doit le savoir.

Mais j'ai hâte d'arriver aux maîtres hollandais. C'est là que sont les morceaux savoureux ou rares.

Le plus important parmi les tableaux de cette école est celui de Piëter de Hooch, la *Petite fille au chien*. Il vient de la vente Pereire et il a été gravé dans la *Gazette des Beaux-Arts* pour l'illustration de l'un des articles que Burger a consacrés à cette galerie. Mais ne semble-t-il pas que notre ami, impatient de célébrer son héros, Van der Meer de Delft, ait passé bien vite sur ce Pieter de Hooch ? Il se contente de dire que l'air circule dans cet intérieur et qu'une douce lumière enveloppe les figurines. Ce n'est pas assez pour un pareil tableau, c'est trop peu pour un pareil maître.

Je rappellerai le motif traité par Piéter de Hooch : une femme est assise tenant sur ses genoux un marmot ; elle veut que l'enfant soit sage, et pour couper court à ses colères commencées, elle cherche à le distraire, elle lui montre une petite fille qui vient d'entrer, et qui serre tendrement un chien dans ses bras. Le peintre hollandais avait sans doute entendu parler du proverbe radical qui veut qu'une porte soit ouverte ou fermée. Mais il avait de bonne heure pris sur ce chapitre une résolution héroïque : chez lui, la porte de l'appartement est ouverte toujours, car il aime à montrer dans la pièce voisine la dégradation savante de la lumière, et quand il s'amuse à peindre les carreaux blancs et noirs d'un pavage lisse, il va souvent chercher un peu loin le rayon qui doit glisser sur cette surface polie. Le tableau de M. de la Salle est conçu dans une gamme rousse et chaude, mais transparente, et agrémentée çà et là de quelques tons rouges. Et si l'œuvre se recommande aux amis de la bonne peinture, elle n'est pas moins intéressante pour les critiques pleins de zèle qui cherchent à reconstituer la biographie du maître. On devine que je mets ici en cause **M.** Henry Havard, car c'est lui qui, dans le troisième fascicule deson livre l'*Art et les Artistes hollandais*, a pour la première fois donné des informations certaines sur Pieter de Hooch En effet, le tableau de la collection de **M.** de la Salle porte, avec les initiales **P. D. H.**, une date que nos honorables devanciers n'ont peut-être pas très bien lue. Les auteurs du catalogue de la galerie du baron de Mecklembourg (1854) ceux du catalogue de la vente Pereire ont lu 1698, et cette date est reproduite par **M.** Havard. Mais le troisième chiffre est des plus douteux. D'accord avec **M.** de la Salle, je lirais volontiers 1658. On comprend l'importance de la question, quand on se rappelle que les savants ignorent tout à fait à quelle époque est mort le 'grand clair-obscuriste Pieter de Hooch.

Une autre œuvre bien digne de piquer la curiosité publique, c'est un portrait ou plutôt un buste de fantaisie, par Frans Hals. Le propriétaire de la collection l'appelle le *Jeune homme à l'œillet*, et nous acceptons volontiers ce titre qu'on n'oubliera plus quand on aura vu le tableau. On ne connaît jamais bien les vrais maîtres. Dans les variations de leur caprice changeant, dans les modes divers que l'unité de leur talent a pu subir, ils sont pleins de surprises et d'imprévu. Ici le violent Frans Hals a voulu faire, et il a fait, une image du charme le plus persuasif. C'est le portrait, un peu fantasque, d'un jeune homme à la physionomie distinguée

et sympathique. Coiffé d'une barette noire qui, par
devant, se relève en pointe, il porte de longs cheveux
retombant sur un vêtement de velours marron aux
larges manches; par endroits, on aperçoit un bout de
doublure rouge. Le personnage, dont le cou est nu et
dégagé, tient un œillet à la main. Le costume, visible-
ment accommodé selon le goût d'une fantaisie pittoresque
et aussi le caractère de l'œuvre, où perce une vague
velléité d'idéal, éveillent la pensée d'une étude faite dans
l'atelier d'après un camarade qui s'est déguisé en beau
ténébreux, en véritable héros de roman. Hals a voulu
montrer qu'il savait peindre. Le *Jeune homme à l'œillet*
rappelle le *Fou* de l'ancienne collection Dupper, aujour-
d'hui au musée d'Amsterdam, car, ici et là, le choix du
costume sent le paradoxe. Et ce n'est pas seulement le
caprice de l'invention qui rapproche les deux œuvres :
c'est aussi la qualité du travail. On est habitué à voir
dans Hals le maître à la touche cavalière qui volontiers
manie le pinceau avec de brusques fiertés. Il n'a peur
ni des coups de force, ni des virgules en saillie. Tel il
apparaît dans le portrait du navigateur Pieter Van den
Broecke de la galerie de M. Wilson, dans la *Hille Bobbe*
de l'ancienne collection de M. Suermondt, tel on le voit
à Harlem, partout, et ailleurs encore. Chez M. de la
Salle, nous avons un Frans Hals, sinon timide, — il ne
le fut pas souvent, — du moins plein de sagesse et de
retenue. Dans le *Jeune homme à l'œillet*, le visage est
fait d'une sorte de pâte d'émail très consistante et très
douce qui est établie sur des dessous robustes, mais

dont les surfaces sont parfaitement lisses et caressées. Et voilà cependant que, de même que le diable a toutes les peines du monde à cacher son pied fourchu, Hals finit par céder à ce qui sera tout à l'heure la loi de sa nature : il s'exalte, il a un commencement de furie et, sur les mains de l'élégant personnage, il cingle quelques-uns de ces coups de fouet qui ont chez lui la valeur d'une signature. Toutefois, comme ces mains sont un peu dissimulées dans l'ombre, l'œuvre ne présente aucune dissonance. Elle reste, dans l'ensemble, une peinture admirable qui correspond au premier idéal de Frans Hals. Elle précise ainsi le point de départ, et elle ne peut manquer d'affermir dans leur foi les honnêtes gens dont ce grand peintre a fait la conquête.

Ce fier portrait qui, entrevu en courant, se grave dans la mémoire et vous accompagne partout comme un ami, nuit un peu, chez M. de la Salle, aux œuvres respectables ou même excellentes des autres maîtres hollandais. L'amateur de Nancy possède cependant plusieurs pages qui ont de l'intérêt pour l'histoire de la portraiture. Ici c'est un Mierevelt de 1623, là un Thomas de Keyser de grand format. La *Dame aux perles* est de Janson van Ceulen et le tableau est de 1652. Plus loin, nous reconnaissons un maître assez rare à Paris, Jean de Bray, l'auteur du portrait d'un brave bourgeois hollandais, qui tient à la main une grosse canne à pomme d'ivoire. Le carnations sont d'un ton un peu rouge, et c'est évidemment la nature qui a fourni cette note exaltée. C'est là une effigie intime et sérieuse. L'œuvre est signée et datée de 1671. Ce Jean de Bray, dont nous avons le portrait au musée d'Amsterdam dans l'intéressant tableau qui réunit autour d'une table les syndics de la corporation de Saint-Luc à Harlem en 1675, n'est pas très familier aux Parisiens sédentaires. Pour le bien connaître, il faut interroger la Hollande et particulièrement le musée de Harlem, où il est représenté par des œuvres datées de 1663 à 1683. On sait par Van der Willigen qu'il a été enterré le 4 décembre 1697. C'est dire qu'il n'appartient point à la forte génération des lyriques et des enthousiates tels que Frans Hals et Rembrandt. La sagesse est parfois le commencement de la décadence.

Il n'est pas utile de consacrer de longues écritures à Egbert Van der Poel, l'auteur de l'*Intérieur d'une maison rustique*, toute enveloppée de colorations chaleureuses. Nous passerons plus vite encore devant Barent Gael, un petit maître déjà voisin des mauvais jours. Bien qu'il soit cité partout comme un élève de Wouverman, Barent Gael n'est pas fait pour éveiller dans l'esprit un grand délire.

Il faut parler avec plus de respect des *Poissons de mer* de Van Beyeren, ce peintre énergique, ce robuste dessinateur que Burger nous a appris à connaître. Il a eu tort de peindre quelquefois sur des fonds trop obscurs, mais il a toujours exprimé d'un pinceau véridique et mâle la forme, le mouvement, la couleur des animaux splendides et un peu effrayants que les pêcheurs rapportent au rivage. M. de la Salle possède un bel échantillon du talent de Van Beyeren. Il a aussi, dans un autre genre, un excellent type de la bonne manière d'Emmanuel de Witte, un *Intérieur d'église*. Ce maître est assez rare en France. Nous avons vu passer dans les ventes publiques quelques tableaux de ce puissant architecturiste; mais le Louvre est resté indifférent. Il a eu tort. Emmanuel de Witte est un peintre aux belles allures, qui joue fortement avec le contraste des blancs et des noirs et qui sait, autour des piliers des vieilles cathédrales faire tourner des ombres vigoureuses ou des lumières caressantes.

La *Gazette des Beaux-Arts* a déjà décrit et commenté un des plus intéressants tableaux de la collection de M. de la Salle, la *Halte de chasse* qu'une longue tradition attribue à Govert Camphuysen. Quelque prudence est ici nécessaire, car la peinture n'est malheureusement pas signée et l'on sait que, malgré les bonnes choses qu'ont écrites Burger et M. Édouard Fétis, on a le droit d'hésiter quand il s'agit d'un des maîtres, si mal connus encore, qui ont porté le nom de Camphuysen. Mais l'heure serait mal choisie pour discuter un problème dont les termes se sont trouvés précisés depuis qu'on a bien lu la signature des tableaux du musée de Rotterdam et de celui de Bruxelles. Aujourd'hui il faut se borner à étudier la *Halte de chasse*, grand tableau lumineux et d'un caractère spécial qui, selon nous, fait moins penser à Paul Potter qu'à Albert Cuyp. Dans le verdoyant carrefour que forment en se coupant les allées d'une forêt de chênes, un gentilhomme est à cheval, suivi d'un serviteur qui arrive au galop. Un piqueur présente au cavalier un lièvre qu'on vient de prendre. Plus loin, d'autres chasseurs, un valet sonnant de la trompe, des limiers tenus en laisse et aussi des vaches sous le taillis. Le ciel est clair, un chemin se prolonge à perte de vue dans les lointains du bois. La verdure brille au milieu d'un poudroiement gris d'une tonalité particulière et fine. Le peintre auquel nous avons affaire n'est pas, comme on le disait jadis, un imitateur servile de Paul Potter ; il a sa personnalité et son accent. Quand j'examine ce beau tableau, quand je vois comment les valeurs vigoureuses s'enlèvent sur les clartés, je me persuade que l'auteur a connu Albert Cuyp ou qu'il a voulu le suivre dans les voies de la lumière.

Si la *Halte de chasse* nous a placé en présence d'une manière inconnue et exceptionnelle, nous rentrons dans les certitudes devant le *Matin*, charmant tableau de Van der Neer qui l'a signé de son monogramme et daté de 1646. Nous ne sommes pas moins tranquille sur le compte des trois Van Goyen, les *Habitations rustiques* la *Scène d'hiver*, les *Bords d'un canal*. Nous avons trop souvent parlé de Van Goyen pour qu'il nous soit possible de dire, sans nous répéter, le charme intime qui se dégage de ces peintures, fort différentes les unes des autres, car elles vont de la grisaille pâle et argentée aux chaleurs des tons roux et rembranesques. Et toujours Van Goyen reste fidèle à la loi de son tempérament et de son caprice : il change de parti pris et il demeure dans son idéal, qui est l'unité.

Van Goyen nous amène à un maître qui évidemment lui doit beaucoup, au *scheepschilder* Simon de Vlieger. Les livres, dans lesquels il tient d'ailleurs peu de place, quoiqu'il ait été chanté par les poètes hollandais, le traitent volontiers comme un peintre de second rang. Qui sait si sa renommée ne grandira pas quand on le connaîtra mieux ?

Nous avons ici deux tableaux de Simon de Vlieger : le premier, la *Mer houleuse*, est daté de 1632. Ce serait une œuvre de jeunesse, car il paraît établi que l'habile mariniste est né à Rotterdam en 1612. Mais en ce temps là, l'apprentissage commençait de grand matin et l'on avait du talent de bonne heure. Le catalogue du musée d'Amsterdam assure que Simon de Vlieger a été l'élève de Willem van de Velde le Vieux. Je n'y contredis point ; il semble néanmoins qu'ici l'initiateur véritable a été notre ami Van Goyen, et j'ajoute que Simon de Vlieger a usé largement d'un droit qui lui appartenait : il a beaucoup regardé les peintures de Salomon van Ruysdaël. Il se rattache en réalité à ces deux maîtres par le choix des colorations sobres, par l'importance véritablement capitale qu'il donne au ciel.

A ce tableau de 1632, M. de la Salle a pu en ajouter

un autre qui est, quant à présent, le chef-d'œuvre de Simon de Vlieger. La *Plage de Scheveningue* est de 1643. J'ai la conviction que nous sommes là devant une admirable peinture. Quelle audace et quelle naïveté dans la manière de comprendre le décor! Le ciel occupe presque tout le panneau, un ciel clair où roule un gros nuage en mouvement. Dans la partie inférieure, à l'horizon, la mer du Nord frappée d'une lumière fine. Brillante çà et là sous le scintillement du rayon, l'eau est d'un ton dont il faut renoncer à dire les délicatesses. Sur la plage, au second plan, des bateaux de pêche, toute une population affairée autour des barques, et un carrosse attelé de quatre chevaux. A droite, sur le monticule de sable que forme la dune, un gentilhomme et sa femme sont debout, regardant la mer et savourant le spectacle dont ils ne sont pas seuls à être charmés, car, nous aussi, nous sommes pris par la poésie de ces perspectives lumineuses, par ces profondeurs qu'emplit un air frais et respirable. Ce tableau de Simon de Vlieger n'est peut-être pas le plus beau de la collection de M. de la Salle : c'est pourtant celui qui parle le plus au cœur ou qui, du moins, éveille la plus douce impression morale. Sans doute il n'y a là qu'un ciel, un bout de terrain et des figurines au bord de la mer : c'est, si l'on veut, de la topographie et la topographie n'est pas attendrissante; mais, dans le tableau de Vlieger, on trouve quelque chose de plus, le sentiment intime de la nature hollandaise et de son charme voilé. Oh! comme ils connaissaient, comme ils aimaient leur pays, ces

grands paysagistes du xviie siècle ! Ils sont si sincères
qu'ils en deviennent touchants. L'émotion que leur
inspirent les spectacles de la mer et du ciel se commu-
nique aux perspectives dont ils peignent les lignes
fuyantes et les couleurs adoucies, et ils ont l'air con-
vaincus que dans leur chère Hollande une âme cachée
vit sous l'apparence des choses.

PAUL MANTZ.

DÉSIGNATION

BERRÉ

(JEAN-BAPTISTE)

1777-1828. — Anvers.

χ — Pâturage.

Au premier plan, deux vaches et un taureau au
repos, auprès d'un vieux saule ; vers le fond, une
femme occupée à traire une vache. Ciel nuageux.

Signé et daté 1828.

Collection du duc de Morny.

Bois. Haut., 39 cent.; larg., 29 cent.

2

BEYEREN
(ABRAHAM VAN)
1656. — La Haye (?).—

2 — Poissons de mer et crustacés.

Un panier de poissons sur une table à côté d'une fenêtre ouverte donnant sur la mer ; à gauche, un turbot jeté sur un tonneau ; auprès, des balances en cuivre jaune ; en avant, un homard, une sole, un crabe et une tranche de saumon.

Toile. Haut., 75 cent.; larg., 86 cent.

BOONEN
(ARNOLD)
1669-1729. — Dordrecht.

3 — Cérès.

Elle est dans un bois, vêtue d'une robe blanche avec écharpe de soie rouge, portant une faucille et une gerbe. Un rayon de soleil éclaire sa figure et ses épaules.

Toile. Haut., 47 cent.; larg., 38 cent.

BRAY

(JEAN DE)

1626 - 1697. — Harlem.

4 — *L'Homme à la canne.*

De grandeur naturelle, assis, tourné vers la droite, cheveux châtains retombant sur les épaules, col en guipure, vêtement noir ; il tient une grosse canne à pomme d'ivoire. Une écharpe, terminée par deux glands, sort de la poche de son habit.

Signé en toutes lettres et daté 1671.

Toile. Haut., 1 m. 05 cent.; larg. 80 cent.

BREUGHEL

(PIERRE)

1520. — Breughel. — 1569. — Bruxelles.

— Une vente mobilière dans un village. Effet d'hiver.

A gauche, un grand bâtiment dont la porte ouverte laisse voir des gens près d'un feu ; une femme en sort tirant un porc par les oreilles. Par la fenétre, dont l'appui forme table, un homme d'affaires et son secrétaire président à la vente ; la foule les entoure. En avant, un homme saigne un porc ; à côté, une femme tient un poëlon ; un cuveau et des bottes de paille sont placés auprès. Deux tonneaux sur roues se trouvent au centre. A droite, arrive une femme montée sur un âne et conduisant une vache.

Au fond, la silhouette d'une ville.

Bois. Haut., 89 cent.; larg., 1 m. 21 cent.

BREUGHEL

(PIERRE)

6 — L'Hiver en Hollande.

Le sol est couvert de neige; sur la place d'un
village, près d'un canal, des écoliers se poursui-
vent en se jetant des boules de neige. Des paysans
construisent des baraques, d'autres coupent du
bois. Quelques voitures, dont les chevaux sont
dételés, attendent devant la porte des maisons;
à gauche, de nombreux personnages se chauffent
autour d'un feu. Au fond, et à droite, les ruines
d'un château dont la base plonge dans le canal.

Bois. Haut., 89 cent.; larg., 1 m. 21 cent.

CAMPHUYSEN

(GOVERT)

1624 — (Gorcum.) — 1674 — (Amsterdam).

7 — *Halte de chasse.*

Dans une forêt de chênes, un seigneur, monté sur un cheval gris-pommelé et en costume de chasse — chapeau noir, veste brune ouverte, culotte rouge, grandes bottes et couteau de chasse — s'avance vers la gauche, suivi d'un serviteur à cheval qui arrive au galop. Un piqueur à pied lui présente un lièvre. Un autre chasseur se repose étendu par terre ; un valet sonne de la trompe ; au loin, un second piqueur accourt tenant deux chiens en laisse. A droite, deux vaches. Le chemin se prolonge et se perd dans le fond.

Superbe et important tableau de l'artiste, d'un ton blond et harmonieux.

Toile. Haut., 1 m. 12 cent.; larg., 1 m. 53 cent.

CEULEN

(CORNELIS - JANSON VAN)

1590. — Amsterdam. — 1665.

8 — *La Dame aux perles.*

Vue à mi-corps, de grandeur naturelle, elle
est debout, presque de face, cheveux blonds
retombant en boucles sur les épaules, mains
longues et fines. Elle porte une robe de velours
noir à corsage ouvert et à larges manches relevées : une guimpe de mousseline, des perles
dans les cheveux, au cou et aux poignets ; un
bijou au corsage et une bague au pouce droit.

Signé en toutes lettres et daté 1652.

Toile Haut., 1 m. 05 cent.; larg., 80 cent.

DAEL

(JEAN-FRANÇOIS VAN)

1764 — Anvers. — 1840. — Paris.

9 — *Fleurs dans un vase.*

Des roses, des pivoines, des tulipes, des auri-
cules, des pavots, des fleurs de pommier doubles;
des jacinthes, etc., dans un vase de terre, sur une
table de marbre.

Signé.

Collection Delessert.

Toile. Haut., 82 cent., larg., 60 cent.

DOLCI
(CARLO)
Florence. 1616. — 1686.

10 — *Hérodiade.*

La jeune princesse est vêtue d'une robe couleur d'aigue-marine, recouverte d'un riche surtout bleu orné de perles. De ses deux mains elle soulève un bassin d'or ciselé sur lequel repose la tête de saint Jean et détourne le regard de ce sanglant trophée. Ses cheveux blonds, noués en arrière, laissent échapper une boucle qui flotte sur sa joue.

Ce tableau est mentionné ainsi qu'il suit dans la vie de Carlo Dolci, par Baldinucci :

« Un tableau qui plut à Florence au moins autant qu'aucune autre de ses œuvres, c'est l'Hérodiade, plus que demi-figure de grandeur naturelle, qu'il fit pour le marquis Rinuccini, en même temps que le David portant la tête du géant philistin. »

Cette magnifique toile est restée dans le palais Rinuccini, à Florence, à l'endroit même où l'artiste l'avait placée, jusqu'en 1853, époque où elle passa dans la galerie de San Donato. Carlo Dolci avait écrit sur le châssis de ce tableau :

« A. S. 1678, 9 novembre. Premier paiement, cent écus et sept livres. »

Ce tableau est de la plus belle qualité et de la conservation la plus parfaite.

(Extrait du *Catalogue San Donato.*)

Toile. Haut., 1 m. 31 cent.; larg., 1 m.

FURINI

(FRANCESCO.)

Vers 1600 ou 1604. —1646. — 1649. — Florence.

11 — *Saint Sébastien et sainte Irène.*

Figures de grandeur naturelle, le saint est à demi couché, le corps appuyé sur le coude gauche, les mains jointes, les yeux tournés vers le ciel ; sainte Irène cherche à lui extraire une flèche du bras.

Ce tableau est décrit par Baldinucci.

Collections Rinuccini, de Florence, et San Donato.

Toile ronde. Diam., 1 m.

GAEL

(BARENT)

Harlem.

12 — *Chasseurs en marche.*

A l'entrée d'un bois, plusieurs cavaliers se mettent en marche, tournant le dos au spectateur ; un d'eux est monté sur un cheval blanc dont un rayon de lumière éclaire la croupe ; un autre, à gauche, arrive au galop ; un troisième, au centre, s'est arrêté pour faire boire son cheval dans un cours d'eau.

Signé en toutes lettres.

Bois. Haut., 26 cent.; larg., 55 cent.

GOYEN
(JAN VAN)
1596. — Leyde. — 1656. — La Haye.

13 — *Habitations rustiques près d'un canal.*

A droite, deux grands arbres dominent les premières maisons au toit rouge ; une femme en corsage bleu et jupe grise lave du linge, un homme s'approche d'elle portant un panier ; plus loin, une barque ; vers le fond, un pont rustique menant à d'autres habitations.

Remarquable tableau, clair et lumineux.

Signé du monogramme.

Bois. Haut., 37 cent.; larg., 48 cent.

GOYEN
(JAN VAN)

14 — *Effet d'hiver.*

Au centre, un canal glacé ; sur la gauche, près du rivage, une tente servant de cantine surmontée d'un drapeau et, en avant, de nombreux personnages, des traîneaux attelés et quelques patineurs ; un pêcheur arrange ses nasses près d'une barque échouée ; vers le fond, sur la rive opposée, un moulin et le clocher d'une église.

Signé du monogramme et daté 163 . (Le dernier chiffre illisible.)

Bois. Haut., 30 cent.; larg., 40 cent.

GOYEN
(JAN VAN)

15 — *Les Bords d'un canal.*

A gauche, au bord de l'eau, un bouquet d'arbres dominant quelques chaumières ; le long de la rive, plusieurs barques amarrées ; sur le devant et à droite, trois pêcheurs montés dans un canot. A l'horizon, la silhouette de plusieurs édifices.

Grisaille.

Signé du monogramme et daté 1646.

Bois. Haut., 31 cent.; larg., 47 cent.

GRANET
(FRANÇOIS-MARIUS)
1775 — Aix. — 1849.

16 — *Intérieur de la maison de Michel-Ange, à Rome.*

A une double arcade aboutissent à droite, un escalier où est assis un jeune garçon tenant un carton à dessin, à gauche, un long corridor au fond duquel on aperçoit une cour ; un homme en blouse bleue lit, debout et appuyé contre un mur.

Signé.

Collection de la duchesse de Berry.

Toile. Haut., 75 cent.; larg., 61 cent.

GRIMOU

(ALEXIS)

Né à Romont (Suisse). Vers 1680. — Mort à Paris, en 1733.

17 — *L'Acteur Paul Poisson.*

Il est debout, de grandeur naturelle, en costume noir, le cou entouré d'une fraise à triple
rangs, les cheveux rejetés en arrière et recouverts d'une toque à chaîne d'or; de grandes manchettes blanches dentelées sont relevées sur les
poignets. De la main gauche appuyée sur la
hanche, il relève le coin de son manteau. Il
porte un costume de Crispin modifié par la fantaisie de l'artiste.

Signé en toutes lettres et daté 1732. Collection
L. Coïe.

Toile. Haut., 1 m. 32 cent ; larg., 1 m.

HALS

(F R A N S)

1584-1666. — Harlem.

18 — *Le Jeune homme à l'œillet.*

De grandeur naturelle, vu jusqu'à la ceinture,
la tête de trois quarts tournée vers la droite, l'air
fier, les cheveux châtains retombant sur les
épaules, la toque sur l'oreille, il porte une veste
en velours marron, à larges manches doublées
de rouge, qui laisse voir le col et la chemise légèrement entr'ouverte sur la poitrine. La main
droite à demi tendue en avant, la main gauche
tient un œillet.

Toile. Haut., 77 cent., larg., 60 cent.

HOOCH

(P I E T E R   D E)

1650.

19 — *Un Intérieur hollandais.*

Une femme, assise dans l'angle de la pièce, tient un enfant sur ses genoux et lui montre une petite fille, debout devant elle, avec un chien dans ses bras.

L'intérieur est d'une grande simplicité et éclairé seulement par une fenêtre que l'on aperçoit dans une seconde pièce au fond ; l'air circule et une douce lumière enveloppe tout le tableau.

Signé PDH, 1698 ou 1658 ?

Provient des collections du comte de Vaudreuil (1784), de lord Mulgrave, exposé dans la galerie britannique en 1815.

Collection Mecklembourg (1854), van Cuyk (1858) et Pereire (1873).

Catalogué dans Smith, n° 16.

Gravé dans le tome XVI de la *Gazette des Beaux-Arts*, page 305.

Bois. Haut., 60 cent.; larg., 47 cent.

KEYSER

(THOMAS DE)

1595-1660. (?). Amsterdam.

29 — *Portrait de femme.*

Vue à mi-corps, elle porte une cornette blanche, une large fraise et un vêtement noir, orné de quelques broderies. La main droite à demi fermée avec bague à l'index.

Bois. Haut., 70 cent.; larg., 55 cent.

LECLERC

(JACQUES-SÉBASTIEN)

D'après François Boucher.

21 — *Pastorale.*

Auprès d'une fontaine, surmontée d'un groupe d'Amours soutenant une sphère, un berger fait une déclaration à une jeune fille qui est assise entre deux de ses compagnes. A gauche, des animaux au repos et d'autres jeunes filles.

Bois. Haut., 38 cent.; larg., 30 cent.

LOO

(CARLE VAN)

Nice. 1705. — Paris. 1765.

42 — *Madame Adélaïde, fille de Louis XV, en Diane.*

Elle est représentée assise sur un tertre au pied d'un arbre, vue à mi-jambes, les épaules nues, robe blanche, manteau bleu fleurdelisé; elle tient un arc; à sa gauche un lévrier qu'elle caresse; à droite, du gibier attaché à un arbre.
Charmant et gracieux portrait.
Collection de la marquise de Boissy.

Toile. Haut., 1 m. 36 cent.; larg., 87 cent.

MIEREVELT

(MICHEL JANSZ)

1567-1641. — Delft.

43 — *Portrait d'une riche Hollandaise.*

De grandeur naturelle, debout, vue jusqu'aux genoux, la tête de trois quarts tournée vers la gauche, elle porte un bonnet bordé de guipure, une large collerette finement tuyautée, robe

en soie noire à ornements brochés, large chaîne
d'or à la ceinture tombant sur le côté droit.
Elle tient des gants dits de mariage brodés
avec la date 1623 et l'inscription : *flar ? pros-*
pect... le reste se perd dans les plis du gant. La
main droite appuyée sur le dossier d'un fauteuil
recouvert en satin cerise. Sur le fond, on lit l'inscription : *Œtatis 25 anno 1623.*

Bois. Haut., 1 m. 24 cent.; larg., 90 cent.

NATTIER

(JEAN MARC)

1685. — 1766. — Paris.

24 — *Madame Henriette, fille de Louis XV,*
en Vestale.

De grandeur naturelle, assise, vue à mi-
jambes, les cheveux relevés et poudrés, robe
blanche décolletée, voile sur la tête retombant
sur les épaules, manteau de velours violet; à
droite, l'autel où brille le feu sacré; à gauche,
sur un coussin fleurdelisé, une couronne. Au fond
une grande draperie verte et des colonnes.
Collection du marquis de Boissy.

Toile. Haut., 1 m. 31 cent.; larg., 91 cent.

NEER

(AART VAN DER)

1619-1683. — Amsterdam.

25. — *Une matinée d'automne, au soleil levant.*

Au centre, un chemin sur le bord d'un canal fuyant vers le fond et se perdant dans la vapeur du matin.

Au premier plan, un enfant et une femme ramassant du bois mort au pied d'un vieux chêne au tronc noueux, branches brisées, le feuillage doré par le soleil, et se détachant sur un ciel blond et vaporeux.

Au second plan, un cavalier cause avec un piéton; à gauche, la porte d'un jardin et des maisons de campagne entourées d'arbres.

Superbe tableau.

Signé du monogramme et daté 1646.

Bois. Haut., 55 cent.; larg., 70 cent.

POEL

(EGBERT VAN DER)

Rotterdam. Mort en 1664.

26 — *Intérieur rustique.*

Une paysanne est assise auprès d'une table,
un villageois, debout derrière elle, la courtise.
Sur la table, un canard, une cruche et autres
objets; dessous et en avant, un chien couché,
un tonneau, un chaudron et divers ustensiles de
cuisine; la partie gauche du tableau se trouve
dans la demi-teinte, on y distingue au fond, un
troisième personnage.

Signé en toutes lettres.

Bois. Haut., 28 cent.; larg., 38 cent.

POELENBURG

(CORNEILLE)

1586. — 1667. — Utrecht.

27 — *Jeunes femmes au bain.*

Dans un riant paysage, qu'embellissent des
constructions en ruine, plusieurs jeunes femmes
se disposent à se baigner, tandis que d'autres
sortent de la rivière et reprennent leurs vête-
ments.

Beau tableau de l'artiste.

Provenant des collections Rhoné et Odiot.

Bois. Haut., 2 cent.; larg., 41 cent.

RIBERA

(JOSE DE) DIT L'ESPAGNOLET.

1588. — 1656.

28 — *Le Baptême du Christ.*

Sur les bords du Jourdain, Jésus, les mains croisées sur la poitrine et les traits empreints d'une profonde humilité, reçoit, incliné, le baptême que lui donne saint Jean. Ce dernier, les yeux levés au ciel, est à demi couvert d'une tunique rougeâtre doublée de peau de mouton, et tient une longue croix de roseau.

Le Saint-Esprit plane sur cette scène à laquelle assistent deux anges dont l'un relève les plis de la draperie qui enveloppe le Christ.

Signé en toutes lettres.

Galerie de Albarran et de Salamanca.

Toile. Haut., 2 m. 22 cent.; larg., 1 m. 57 cent.

RUBENS

(PIERRE-PAUL)

1577. — 1640.

29 — *Portrait équestre de l'Infant Don Ferdinand d'Autriche.*

Monté sur un cheval qui se cabre, tourné vers la gauche, la tête nue, regardant le spectateur, il porte une cuirasse et tient le bâton de commandement. Son manteau pourpre flotte derrière ses épaules. A droite, une Renommée sur les nuages ; en bas, à gauche, un fleuve personnifié par un vieillard armé d'un trident et une naïade vue à mi-corps. Dans le fond, la mer et quelques navires.

Bois. Haut., 46 cent.; larg, 51 cent.

VLIEGER

(SIMON)

1612. Rotterdam — 1660? Amsterdam.

30 — *Les Dunes de Scheveningen.*

La mer s'étend vers la gauche ; au premier plan, les dunes tournant vers la droite et se perdant à l'horizon, le tout sous un vaste ciel nuageux.

Au premier plan, à droite, sur une butte sablonneuse que distingue une perche plantée en guise de signal, une dame et un seigneur. suivis d'un petit domestique regardent la mer, auprès d'eux, un lévrier ; au centre, deux pêcheurs causent avec leurs femmes ; plus loin, un équipage à quatre chevaux fuit la marée montante ; sur la gauche, différents personnages, un cavalier et des pêcheurs, groupés auprès de leurs bateaux, vendant leurs poissons.

Ce tableau est une œuvre remarquable du maître : il peut être placé auprès des plus belles marines de van de Velde et même d'Albert Cuyp.

Signé en toutes lettres :
S. de VLIEGER.
A. 1643.

Bois. Haut., 60 cent.; larg., 83 cent.

VLIEGER

(SIMON DE)

31 — *Mer houleuse.*

Quelques bateaux de pêche sillonnent la mer ;
l'un d'eux, à gauche, porte le drapeau hollandais ; un second, à droite, s'approche du rivage,
à demi couché par le vent. Vers le fond, un port
au-dessus duquel s'élèvent les mâts des navires.
Signé du monogramme et daté 1632.

Bois. Haut., 34 cent.; larg., 46 cent.

WITTE

(EMMANUEL DE)

1607. — 1692. Amsterdam.

32 — *Intérieur d'un temple protestant.*

Au premier plan, dans la pénombre, différents
personnages : une femme assise, vue de dos, ayant
à côté d'elle un enfant, un personnage debout,
couvert d'un manteau rouge, etc. Au second
plan, un prédicateur est en chaire. Le haut du
temple et les piliers sont vivement éclairés par
le soleil.

Bois. Haut., 47 cent. ; larg., 36 cent.

WYNTRACK

33 — *Oiseaux de basse-cour.*

Des cygnes et des canards prennent leurs ébats au bord d'un cours d'eau ; sur la gauche, des arbres au tronc noueux et branches brisées.

Fond de paysage, avec pont et construction sur la droite.

Signé en toutes lettres.

Bois. Haut., 59 cent.; larg., 84 cent.

ÉCOLE FRANÇAISE

34 — *Tête de jeune fille.*

La figure de trois quarts, les yeux baissés, les cheveux relevés et retenus par un ruban vert; robe rouge, légèrement décolletée.

Toile ovale. Haut., 52 cent.; larg., 44 cent.

9 782329 547152